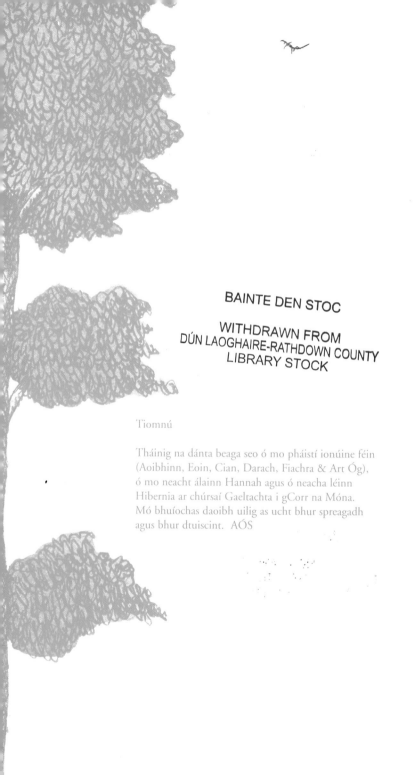

Tiomnú

Tháinig na dánta beaga seo ó mo pháistí ionúine féin
(Aoibhinn, Eoin, Cian, Darach, Fiachra & Art Óg),
ó mo neacht álainn Hannah agus ó neacha léinn
Hibernia ar chúrsaí Gaeltachta i gCorr na Móna.
Mó bhuíochas daoibh uilig as ucht bhur spreagadh
agus bhur dtuiscint. AÓS

HANNAH sa CHRANNTEACH

Le ART Ó SÚILLEABHÁIN
MAISITHE AG ANNIE WEST

CLÓ MHAIGH EO

HAIGH, A CHÚ

A mhadra shalaigh,
Táim ag glaoch ort, tar anseo.
Sin Haiku Gaelach!

screadaíl

Múinteoir ag screadaíl i gcónaí
In ard a gutha 's a cinn
Le glór atá ard agus searbh
Is gearr go n-éiríonn muid tinn.

Má labhartar go bog 's go binn
Oibreoidh sé sin gan strus
Is cosúil nach dtuigeann an múinteoir
Gur deacair cogar a chlos.

PIANTA SCOILE

Tá pian i mo dhroim
Ta pian i mo lámh
Tá pian i mo rúitín
Níor chodail mé go sámh!

Tá pian i mo bholg
Tá pian i mo cheann
Tá pian i mo scórnach
Cá bhfuil mo pheann?

Tá pian i m'ordóg
Tá pian i mo shrón
Tá pian i mo chluas
Cá bhfuil mo lón?

Bhí ocras orm freisin
Ach chaill mé mo ghoile
'Tuigim', a deir Mam,
'Sin tinneas scoile!'

an rós

Is aoibhinn liom an rós
Dearg nó bán nó buí
Agus dathanna daite eile
Ach fainic! Céard 'tá faoi?

Is aoibhinn liom an rós
Bán nó buí nó dearg
Is aoibhinn liom a chrann
'S is cuma liom a dhealg.

Is aoibhinn liom an rós
Buí nó dearg nó bán
Tá boladh cumhra milis
Agus áilleacht iontach ann.

CIÚNAS

Caint, caint, caint, caint, caint
Is breá liom bheith ag cabaireacht
Ach dar leis an múinteoir s'againne
Is ionann caint is bladaireacht!

CIPÍN CUIMHNE

Tá gléas nua ag mo Dhaidí
a choinníonn eolas slán
ruidín caol beag suarach
ach le cuimhne tá sé lán.

Crochta lena eochracha
níos lú ná méar nó peann
ba bhreá liom dá mba fhéidir
é a ceangail le mo cheann!

B(osca)(r) Bruscair

Tá coileán lách agamsa
Ar a dtugaim Oscar
Is breá leis bheith ag útamáil
Istigh sa bhosca bruscair.

Lá amháin agus é ag spraoi
Chuala mé scread agus liú
Bhí cat istigh sa bhosca
Agus scríob sí é - bú, hú!

Giorraíonn Beirt Bóthar

Ar bhóithrín na smaointe
Bíonn mamó ag siúl de shíor
Ní bhíonn tuirse uirthi choíche
Í ag smaoineamh sa chathaoir.

Síneann scéal as caint a cairde
Agus labhraíonn siad gan stad
Má ghiorraíonn beirt bóthar
Beidh mamó ag taisteal i bhfad!

MO DHEIRFIÚR

Púdar
Péint
Agus plástar
Ar a haghaidh an stuif go léir.

Malaí
Méara
Agus maisiú
Níl a leithéid de réalt faoin spéir.

Fabhraí
Fáinní
Agus faisean
Ag leanúint nóis le flosc.

Beola
Béaldath
Agus bladar
Ní féidir an chaint a chosc.

MO DHEARTHÁIRÍN

Tá deartháirín beag agamsa
A itheann gach rud beo
Iad sáite ina bhéal aige
Is cuma leis go deo.

Tá goile iontach ait aige
Is breá leis bainne géar
Itheann sé na bláthanna
Ón ngairdín don dinnéar.

Tá dúil aige sna péisteanna
Sna seilidí chomh maith
Itheann sé na feithidí
Taobh amuigh den teach.

Tá sé cosúil leis an madra
A chuireann stuif i bhfolach
Is itheann as an gcréafóg iad
Is cuma cé chomh salach.

Ní thuigim fós cén chaoi
Ach fásann sé gan stró
Ní fada uainn an lá anois
Nuair nach mbeidh sé beag níos mó.

Maol

Tá folt mór fairsing ag m'athair
Atá catach, dubh 's tiubh
Ach níl ribe fágtha ag Daideo
Tá sé féin chomh maol le hubh!

Bíonn Daid ag magadh fúmsa
Ag rá gur beag an baol
Go mbeidh mé cosúil leisean
Ó, nach ait an mac an saol?

'Beidh tusa ar nós Daideo
Caol ard, gan ribe beo,'
A deir Daid le meangadh gáire
Céard a dhéanfaidh mé go deo?

IDIRGHréasán an DOMHain

Tá damhán alla ollmhór
Ag sníomh gréasáin san aer
Ach níl sreang ar bith le feiceáil
Ó na línte seo go léir.

Is nach aisteach mar a tharlaíonn
Níl fiú feithide amháin
I bhfastó ins na línte seo
Ar a leithéid seo gréasáin.

Ach beidh ríomhairí 's teileafóin
Ar an gcóras seo le dorú
Ag sciobadh daoine fásta
Atá imithe amú!

Píobaire Póca

Iontach an píobaire póca
Ag casadh ceoil de shíor
Níl ann ach ruidín suarach
Ach má tá mo scéilín fíor…
Tá ualach lán a mhála
Le gach aon sórt amhráin
'S na mílte ceoltóir sáite
Istigh san inneall bán…
Bhí 'transistor' ag mo Dhaideó
Bhí 'Walkman' ag mo Dhaid
Ach tá 'I-Pod' i mo phócasa
Anois, is mise an leaid!

GUS

Fuair mé coileán deas don Nollaig
Thug mé ainm nua air – 'Gus'
Nuair a théim ar scoil ar maidin
Leanann sé an bus.
Is nach breá leis mé a fheiceáil
Tráthnóna ag a trí
Do mo lapadh lena theanga
Le m'éadan bog a ní.

AN SEILPHOST

Litreacha leictreonacha
Ag rith ar fud an domhain
Focail bheo ón ríomhaire
Fir phoist ag éirí gann.

Ní bheidh bosca poist amach anseo
Ar dhoras ná ar chraobh
Ach ríomhairí ar ghlúine,
'S beidh deireadh leis an scríobh.

An *'biro'* bocht díomhaoin
Le priondáil – ó mo ghráin!
Ach an ríomhphost ann go síoraí
Ag rince ar scáileáin.

SÍLE NA BHFÉILEACÁN

Is cuma léi an madra
Is cuma léi an béar
Ach má fheiceann Síle féileacán
Léimfidh sí san aer!

Is cuma léi an tíogar
Is cuma léi an babún
Ach má fheiceann Síle féileacán
Ní fhanfaidh Síle ciúin!

Is cuma léi an leon
Is cuma léi an bhó
Ach má fheiceann Síle féileacán
Cloisfidh tú an gleo!

Léimfidh sí san aer!
Cloisfidh tú an gleo!
Ní fhanfaidh Síle ciúin!
Le féileacán atá beo!

Hannah sa Chrannteach

Rinne mo chairde crannteach
Thuas ar chrann go hard,
Le gach aon chineál adhmaid
Bailithe ó gach ceard.

Is breá liom dul ag dreapadh
Suas an dréimire corrach cam,
Ach nuair a bhíonn mé thuas ann
Bíonn imní ar mo Mham.

Ach fanann sí go foighdeach
Ar an talamh thíos ag faire,
'Titfidh tú a Hannah, a ghrá,
Titfidh tú, tabhair aire!'

Ach bímse sona sásta ann
Agus Oscar le mo thaobh
Níl madra eile in Éirinn
In ann léim mar sin ar chraobh!

Foilsithe ag Cló Mhaigh Eo,
Clár Chlainne Mhuiris,
Co. Mhaigh Eo,
Éire.
www.leabhar.com
colman@leabhar.com
094-9371744

ISBN: 978-1-899922-48-2

Dearadh: raydes@iol.ie
Clóbhuailte in Éirinn ag Clódóirí Lurgan Teo.

Faigheann Cló Mhaigh Eo cabhair ó Bhord na Leabhar Gaeilge.